Ilona Zerbian

Ich bins, die Liebe

ch.falk-verlag

*V*orwort

Als ich mich im Jahr 2014 auf meinen Weg begab, wusste ich nicht, was mich erwartet. Aber ein Losgehen war unausweichlich, sonst wäre ich wahrscheinlich nicht mehr hier. Ich ging los, meine Zeit war gekommen. Als ich mich bewusst entschied, meinen Weg zu gehen, war der erste Schritt getan, aber was dann folgte, war keineswegs leicht. Es gab Höhen und Tiefen und es gibt sie immer noch. Ich durfte lernen, dass ein Leben daraus besteht - und das macht es aus. Wie könnte ich jemals Freude empfinden, ohne Leid zu kennen!

Heute bin ich sehr dankbar, mich aufgemacht zu haben, denn auf diesem Weg zu sein, hat mich zu mir selbst gebracht.

Jeder neue Tag bringt mich mir näher, es passieren Dinge, Eingebungen, die ich niederschrieb, weil sie für mich so besonders sind und mir weiterhelfen, erkennen lassen, was wirklich zählt - und das bin ich.

Da du, Jesus, mir auf meinem Weg immer wieder begegnetest, immer wieder präsent warst, möchte ich dir dieses Buch widmen. Auch ist dieses Buch durch dich zu dem geworden, was es jetzt ist. Viele Weisheiten wurden mir geschenkt, und das berührt mich sehr.

Als es darum ging, dich, Jesus, in diesem Buch zu benennen, bekam ich von dir die Eingebung, dich Jeshua zu nennen.Du sagtest:" Nenn mich Jeshua." Ich googelte diesen Namen und ich fand , dass Jeshua der ursprüngliche jüdische Name von Jesus von Nazareth ist. Das war mir bis zu diesem Zeitpunkt nicht bekannt.

Herr, du sandtest mir deinen Sohn, um mein Herz und meine Seele wiederzufinden, dafür danke ich dir aus tiefstem Herzen. Amen.

Dir, mein lieber Jeshua, der mich nie verließ und mir bei diesem Buch zur Seite stand, mich führte, zwischen uns ist alles gesagt.

Du bist in meinem Herzen und ich bin in deinem. Amen.

Danke an meine Eltern, die ich aussuchte, um mir diesen Weg zu ermöglichen.

Danke an meinen Mann, der mich so sein lässt, wie ich bin, und das war in den letzten Jahren bis zum heutigen Tag nicht immer einfach für ihn. Ich liebe dich.

Danke an meine wundervollen Kinder, dass ihr mich ausgesucht habt.

Danke an meine Schwester Kathrin, dass wir uns wiederfinden durften.

Danke an Heiderulle und Marita für euer Verständnis, euer Mitgefühl und eure Freundschaft.

Ihr alle wart und seid gute Lehrmeister.

ℬekenntnis

Ich bekenne mich zu dir, Jeshua. Ich habe mich auf die Suche begeben und wurde gefunden. Halleluja, lobet den Herrn!

„Wenn ihr mich von ganzem Herzen suchen werdet, so will ich mich von euch finden lassen", spricht der Herr. Amen.

Jeshua spricht:

„Ich bin bei dir, mein Bruder, meine Schwester. Hab keine Angst. Meine Arme sind weit geöffnet und bereit, dich aufzufangen. Ich schenke dir all meine Liebe und mein Herz. Ich erwarte nichts von dir. Du darfst annehmen. Ich halte dich, ich wiege dich, sanft wie die Mutter ihr Kind wiegt, und möchte, dass du weißt:

Jeshua liebt dich, ich, Jeshua, liebe dich. Licht und Liebe sind dein."

Es gab vor langer Zeit eine kleine Tochter, die sich nicht geliebt fühlte. Erst als erwachsene Frau hinterfragte sie Dinge in ihrem Leben und erkannte diese. Sie durfte lernen, dass alles, was ihr in ihrem Leben widerfahren war, weitergegeben wurde von Generation zu Generation. Nicht wissentlich und nicht böswillig. Sie konnten nur das geben, was sie empfingen. So einfach. Wenn das Herz aus diesem Blickwinkel auf Vergangenes blickt, ist der erste Schritt in Richtung Heilung getan. Sie durfte lernen, dass sie nie falsch war, nur die Anderen es nicht besser wussten. Sie machte Schritt für Schritt auf die Vergebung zu und ihr Herz spürte nie dagewesene Einsicht und Vergebungsbereitschaft.

„Einzigartigkeit ist das , was dich ausmacht. So wie jede Pflanze, jedes Tier und jeden Menschen. Du bist von Herzen geliebt. Meine Liebe zu dir ist so tief, lasse dich von ihr anfüllen und höher tragen, als du es je zu träumen gewagt hast. Meine Arme sind weit geöffnet, lass dich vertrauensvoll fallen. Ich fang dich auf, immer wenn du mich lässt. Ich bekenne mich zu dir. Ich war immer bei dir und werde dich nie verlassen."

Ankunft

Am Anfang waren das Licht und die Liebe.

Ich bin's, Jeshua.

Es gibt die, die nach mir suchen und mich ihr ganzes Leben lang nicht finden.

Öffne dein Herz und du wirst gefunden.

Wenn du bereit bist, alles zu verlieren, wirst du gefunden.

Du wirkst überrascht und doch ist es wahr.

Ich kenne dich von Anbeginn, ich war immer mit dir, bei dir, aber du hast mich nicht gesehen.

Der Himmel war so nah , aber du konntest ihn nicht sehen.

Ich komme auf diesem Weg zu dir, damit du mich erkennst, dich erkennst.

Ich sehe dich an und sehe mich in dir.

Ich möchte mit dir gemeinsam dein Herz heilen, bist du bereit ?

Es braucht nichts als diesen einen Moment der Entscheidung.

Du darfst nun lernen, was du tun kannst, um dich zu erfahren, zu entfalten und zu heilen.

Deine Seele ruft nach Heilung, dein Herz und dein Geist nach Erfüllung und Frieden.

Du wirst Öffnung erfahren.

Die Liebe, die du empfängst und fühlst, wird weiter fließen und sich vervielfachen.

Ich bin mit dir.

Dein Jeshua

Wo ist Gott?

Du kannst niemanden beschützen vor dem, was sein Lebensweg für ihn bereit hält. Nichts geschieht grundlos. Manch ein Mensch erfährt viel Unrecht, viel Schmerz und Leid. Höre, menschliches Leid kommt nicht von meinem Vater. Er ist Himmel und Erde, hat dich erschaffen und liebt dich. Die kirchliche Strafe, die immer noch gepredigt wird, ist nicht seine Strafe. Er ist die allumfassende Liebe in Ewigkeit.

Viele Menschen fragen immer dann nach Gott, wenn etwas besonders Grauenvolles, Unmenschliches geschieht. Wer fragt nach unserem Vater, wenn Wunder und Heilung geschehen?

Höre, menschliches Leid ist immer von Menschenhand gemacht, nie von unserem Vater. Vor deiner Geburt hat sich deine Seele ausgesucht, was sie in diesem Leben lernen möchte. Alles, was du erfahren darfst, möchte deine Seele erfahren.Bewusst darfst du damit umgehen. Jede Freude, jeder Schmerz, jeder Verlust ist von dir gewählt. Wenn du unermesslichen Schmerz fühlst durch den Verlust eines geliebten Menschen, so wisse , dass jede Seele unermesslich geliebt ist und die verstorbenen Seelen immer in Verbindung mit den Lebenden sind. Sie können ihre Lieben sehen und fühlen. Bedenke, sie spüren auch deinen Schmerz. Sie möchten so sehr, dass du dein Leben in Frieden weiterlebst. Sieh die gemeinsame Zeit als Geschenk und wisse, ihr werdet euch im Himmel wiedersehen. Du kannst dich mit deinem geliebten Menschen über deine Gedanken verbinden, um ihm nahe zu sein, und ihn in Liebe ziehen lassen - an den Ort, der jetzt für ihn bestimmt ist.

Deine Lieben warten bereits auf dich und werden dich in Empfang nehmen, wenn deine Zeit auf Erden vorüber ist, und die Freude des Wiedersehens ist in Worten nicht auszudrücken. Ich bin bei ihnen, in ihrer Mitte, und sehe jeden Einzelnen, erlöst und glücklich, frei von irdischen Fesseln.

Lasst uns beten für alle in ewig geliebten Frauen, Männer, Töchter, Söhne, Freunde, Bekannte und Tiere, die mit euch waren und immer sind...

Dankbar für die vielen Momente, die ihr uns geschenkt.

Ihr, die ihr immer in unseren Herzen wohnt.

Wir lassen euch gehen auf eure Reise.

Wir legen unseren Schmerz in unseres Vaters Hand und wissen euch geliebt in Ewigkeit.

Wir bitten von Herzen und uns wird genommen all unser Schmerz und unsere Trauer.

Amen

Das Kapitel war beendet und bereits zur Seite gelegt. Den Verstorbenen war es ein Anliegen, Folgendes an ihre Angehörigen weiterzugeben:

Zürnt uns nicht, weil wir euch verlassen haben. Unsere irdische Zeit ist vorbei. Wir sind nun frei und an einem wunderbaren Ort der Liebe.

Liebende kann man nicht trennen.

Aufrichtigkeit

Ich frage dich, bist du aufrichtig mit dir? Oder machst du dir etwas vor? Sprichst du aus, was du im tiefsten Herzen fühlst, auch wenn du jemanden damit verletzt? Nimmst du Rücksicht auf die Gefühle anderer und verleugnest dabei die deinen?

Hast du jemals bedacht, was verletzende Worte mit deinem Gegenüber machen? Wenn du belehrst, verachtest, beleidigst, erniedrigst, beschimpfst, schweigst, ignorierst, verurteilst, verdächtigst, könntest du auch gleich eine Waffe zücken und zustechen, Worte verletzen genauso wie Schläge. Ich sage, liebe deinen Nächsten wie dich selbst.

Ist dir bewusst, dass du alles, was du an deinem Gegenüber ablehnst, an dir selbst ablehnst? Deine Glaubensmuster lassen dich so handeln. Fühlst du Wut, gehe in die Natur und schreie sie heraus.So kannst du alles in dir heilen. Werde dir deines Handelns bewusst und schenke deinem Gegenüber Achtung. Das schafft Liebe ohne Grenzen.

Sprich aus, was dich verletzt, setze so deine Grenzen in Liebe. Wisse, alles, was du aussendest, kehrt zu dir zurück. Sei sanft und großmütig, so wie unser Vater dich schuf.

Amen

Himmelswanderer

Die Engel werden bei uns Himmelswanderer genannt. Unser Himmel vereinigt etliche Scharen. Einige Engel werden zur Erde gesandt, um dort ihre Aufgaben zu erfüllen. Sie inkarnieren in Menschen, um durch sie zu wirken. Menschen werden beseelt durch Engel und erfüllen so ihre Erdenaufgaben. Alles, was ihnen gegeben wird, wurde ihnen durch unseren Vater gegeben.

Viel Licht kommt so auf die Erde zu den Menschen, und das ist richtig und wichtig. Die Engel sind Unterstützer und Boten Gottes. Ihre Hilfe kommt immer und du darfst immer darum bitten. Scheue dich nicht, sie anzurufen. Verbinde dich mit deinem Schutzengel und bitte ihn um Hilfe, nur dann kann er dich unterstützen.

Herr, sende mir deine Engel, mögen sie Wunder für mich vollbringen, so wie sie seit Anbeginn wirken.

Jeder Mensch hat seinen Schutzengel, von Anbeginn, über mehrere Inkarnationen. Wenn du ihn fragen könntest, was würde er dir sagen?

Verbinde dich über dein Herz mit ihm und bitte ihn, dir nah zu sein, gehe in die Stille und du wirst ihn fühlen. Er kann dich nicht verlassen, auch wenn du ihn nicht sehen kannst, ist er immer da. Bitte um ein Zeichen, und er wird dir seine Anwesenheit zeigen. Du kannst Wärme spüren, findest eine Feder und erhältst Hilfe bei unlösbar scheinenden Problemen. Er liebt und schützt dich. Wenn dein irdisches Leben vorbei ist, du deinen Körper verlässt, wird er dich geleiten und bei dir sein - in das Reich der Himmel.

Du bist nie allein. In Ewigkeit. Amen

Gottes Kinder

Viele Menschen fragen sich, gibt es einen Himmel?

Kommt jeder in den Himmel? Was passiert mit dem, der nicht recht getan und gehandelt hat?

Mein Kind , du kommst auf diese Erde, um zu lernen, deine Seele weiterzuentwickeln. Hat deine Seele alles gelernt, bist du ein erleuchtetes Wesen und hast ausgelernt auf Erden. Du kannst aber wieder auf diese gesandt werden, um mitzuhelfen beim Aufstieg. Manche Seelen brauchen viele Leben, um zu lernen. Deine Seele inkarniert so lange, bis sie ausgelernt hat. Alte Seelen sind dem Aufstieg sehr nah, sie stehen kurz vor der Erleuchtung. Sie sind bereit, ins Paradies einzuziehen und in Ewigkeit an meiner Seite zu wirken.

Die Seelen, die nochmals inkarnieren wollen, befinden sich in einem Himmelsraum. Sie warten dort auf ihre Wiedergeburt, darauf, wieder inkarnieren zu dürfen, um weiter zu erfahren und zu lernen. Wisse, alles, was du in diesem Leben erfahren hast, hat deine Seele gewählt. Deine Eltern hast du selbst gewählt, also vergib ihnen, du hast sie ausgesucht, und bedenke, sie konnten dir nur das geben, was sie selbst als Kinder erfahren haben. Seelenfamilien finden sich immer wieder zusammen.

Jede Krankheit, jeden Schmerz, jede Trauer, aber auch unermessliche Freude, Liebe...

Verzage und verzweifle nicht, denn ich bin bei dir und Wunder sind allgegenwärtig. Es werden Menschen auf wundersame Weise gesund, machen außerkörperliche Erfahrungen, treffen auf ihre Verstorbenen , wenn sie die Schwelle zwischen Leben und Tod überschreiten.

Ist es möglich, mit Verstorbenen zu sprechen? Ja, das ist möglich. Einige wählen den Traum, um Kontakt zu ihren Lieben aufzunehmen. Im Traum redet der Verstorbene oft nicht, wird nur gesehen, und der Träumende denkt am nächsten Morgen, hätte ich doch etwas gefragt, was mir auf der Seele brennt. Aber der Traum wird meistens nicht als dieser erkannt, er ist so real, dass man denkt, man lebt im Augenblick. Wenn du in einer Situation an einen Verstorbenen erinnert wirst, ist seine Seele nah bei dir. Die Erinnerung lässt ihn zu dir blicken, wenn auch anders, als du es erwartest.

Eine junge Frau hat ihrem Liebsten nicht verziehen, dass er sie für eine andere verließ. Auch Jahre später, wenn sie sich zufällig begegneten, würdigte sie ihn keines Blickes.

Dann starb er und sie machte sich Vorwürfe, dass sie ihn nicht beachtet hatte. Sie verachtete ihn für etwas, wofür er nichts konnte. Er hatte sich in seine zukünftige Frau verliebt.

Die Zeit verging, aber sie dachte weiter an ihn. Dann erschien er ihr im Traum und sagte zu ihr: „Sei nicht mehr traurig, ich vergebe dir." Dann war alles gut.

Vergebe, dann wird dir vergeben! Dir und deinem Nächsten! Tiefe Heilung wird geschehen.

Auch verstorbene Tiere zeigen sich ihren Besitzern im Traum. Ein Hund verstirbt, als seine Besitzerin nicht zu Hause ist. Es geschah ohne jede Vorwarnung. Die Trauer war groß...Sie sprach mit ihrem Hund und sagte ihm, dass sie ihn sehr liebte und er ein wunderbarer Begleiter war. Nach ca. einer Woche erschien er ihr im Traum, er lief auf sie zu und sie streichelte ihn und freute sich, ihn wiederzusehen. Sie wusste, dass er gekommen war, um sich zu verabschieden.

Vieles möchte dich erreichen, sage *Ja* dazu.

 Dein Glaube

Dein Glaube kann Berge versetzen. Alles, was du über dich denkst, wird zu deiner Wahrheit. Beginne, nur gut über dich zu denken, denn deine Seele ist rein und klar wie das Licht Gottes. Du wurdest erschaffen aus diesem Licht. Werde dir deines Seins bewusst und deiner Macht, die du über dich selbst hast. Ich bin das Licht und die Liebe, im Namen des Vaters, des Sohnes und des Heiligen Geistes. Amen.

Ich bitte dich, etwas von dir zu verschenken. Ein liebes Wort, ein Lächeln, eine Umarmung. Die Liebe möchte, dass du sie teilst. Gesegnet bist du, der von Herzen gibt, ohne zu verlangen.

Glaubst du an Wunder? Wunder lieben es, wenn du sie erwartest, sie endlich wirken dürfen. Bitte um ein Wunder. Wenn Gebete erhört werden...mach dich bereit für ein Wunder.

Ein kleines Wunder trug sich zu. Auf dem Weg zur Liebe ereignen sich kleine und große Wunder. Eine Frau, die gern liest, kaufte oft gebrauchte Bücher, um ihren Horizont zu erweitern, und da ihr auf ihrem Weg zur Liebe oft der Name Khalil Gibran begegnete, erstand sie ein Buch von ihm: „Jesus Menschensohn". Sie begann das Buch zu lesen und vernahm in ihrem Inneren die Aufforderung, am Ende des Buches nachzusehen, es würde sie dort eine Botschaft erwarten. Erwartungsvoll sah sie nach und hinten im Buch war ein kleiner Zettel eingeklebt, auf dem stand:

„Jesus liebt dich. Er segnet dich, denkt an dich, betet für dich. Er sendet dir Kraft und Mut zu. Sei dir gewiss, dass seine Liebe nie erlischt. Richte deinen Blick zur Sonne, zum Mond und zu den Sternen, betrachte die Wolken. Verfolge den Flug der Vögel, lausche ihrem Gezwitscher, sei dir bewusst, dass auch sein Blick deinen kreuzen wird. Auch der 143igste Blick zum Himmel lässt die Musik der Engel nicht verstummen. Dein HkPf"

So Gott will, findet dieses Buch auch den Weg zu dir. Gesegnet seist du. Amen.

Glaube an dich, glaube an das, was dir unmöglich und unerreichbar scheint. Sieh auch die Hindernisse auf deinem Weg als Geschenk. Was dir anfangs negativ erscheint, kann sich als sehr heilsam herausstellen. So ein Ereignis lässt dich innehalten, und versuche in solchen Momenten einfach mal, die Perspektive zu verändern. Werde zum Außenstehenden und nimm Abstand. Der andere Blickwinkel lässt dich neu sehen. Frage dich, warum schickt Gott mir so eine Aufgabe? Es hat immer etwas mit dir zu tun. Was darfst du lernen, was erkennen, was wird dadurch wieder ausgelöst - Gefühle, die nur durch diesen Brocken ins Rollen kommen konnten?

Der Wandel - Innere Leere und innere Fülle

Du befindest dich mitten in einem neuen Zeitalter. Die Menschheit erlebt einen Wandel, der nicht aufzuhalten ist. Die Liebe bahnt sich ihren Weg und ist unaufhaltsam.Sie zeigt sich dir so deutlich, damit du sie nicht mehr leugnen kannst. Bist du bereit, wieder zu erwachen? Möchtest du das erwecken, was von Anbeginn in dir ist? Ich halte und führe dich, wenn du mich lässt.

Erwache zu deiner dir innewohnenden Göttlichkeit.

ALLES, WAS DU WISSEN MUSST, IST BEREITS IN DIR.

Lasse deine Reise beginnen. Du fragst, welche Reise? Die Reise zu dir, in deine wahre Essenz, rein und göttlich von Anbeginn.

Ich sehe tief in dein Herz, jetzt in diesem Moment. Nichts ist vor mir verborgen.

Bist du bereit zu erfahren? Bist du bereit, dich zu wandeln?

Ich entlasse dich aus deiner dir selbst auferlegten Gefangenschaft. Die Ketten, mit denen du dich umgeben hast, sind gesprengt, für immer. Du bist frei. Frei für die bedingungslose Liebe zu dir selbst. Das Warten hat ein Ende.

Die Liebe spricht in jedem Moment zu dir. Sei im Moment und du wirst Liebe erfahren, in Liebe sein. Nimm wahr, was dich umgibt, spüre den Boden, der dich trägt. Jeden Windhauch, die Einzigartigkeit der Natur, wenn du genau hinschaust. Spüre die Sonne, die dich wärmt, die Erde, die dich nährt, alles Botschafter der Natürlichkeit, in Liebe zu sein. Spüre, dass alles untrennbar miteinander verbunden ist.

Du bist ein menschliches Wesen, alle deine Gefühle wohnen zu Recht in dir. Jedes möchte von dir gesehen, angenommen und gefühlt werden. Wenn du nicht auf sie lauschst, ihnen Raum gibst, dann wirst du nicht heilen. Weine, wenn dir danach ist, schreie deinen Unmut in die Welt, freue dich von Herzen. Sei dankbar für deine Gefühle, sei dir bewusst, du selbst hast sie erschaffen.

Als Kind wirst du oft dazu angehalten, Dinge nicht zu tun, die der Norm nicht entsprechen. Wer legt diese Normen fest? Es gibt keine göttliche Norm. Du bist ein göttliches Wesen, es spielt keine Rolle, was andere über dich denken. Du bist wundervoll, so wie du bist. Wenn du etwas tun willst, tue es. Lasse dein Herz tanzen, sei dankbar und tanze den Tanz deines Lebens. Gern reich ich dir meine Hand und wir tanzen gemeinsam. Wir wirbeln herum und vergessen alles um uns her, bis wir außer Atem sind. Im Tanz, wir zwei...

Wir lassen uns nieder und nehmen uns in die Arme, das Leben ist schön. Das Leben wartet nicht, lebe es jetzt. Du hast alles Glück dieser Welt verdient. Werde mutig und bitte mich an deine Seite. Füll dich an mit Liebe. Wisse, Glück ist nicht beständig, das Leben unterliegt einem ständigen Wandel. Wandelt euch gemeinsam und du bist frei.

Gebet zu deiner Unterstützung

Ich bitte dich um Führung und Begleitung, die für mich wichtigen Schritte zu tun. Lasse mich erkennen und wählen. Lasse Licht den Nebel durchfluten, der mich umgibt. Schenke mir Klarheit, und wenn diese erlangt ist, den Mut, vorwärts zu gehen.

Amen

Dein unbeschriebenes Blatt Papier

Was wird drauf geschrieben stehn?

Lies meditativ, damit jedes meiner Worte dich nachhaltig erreicht.

Am Anfang war das Wort und gesät wurde es durch meines Vaters Saat.

Dadurch entstand das Leben, dadurch wurdest du möglich.

Du göttliches Wesen, erinnere dich, wer du bist.

Du bist durch so viele Leben gegangen und gehst immer noch.

Nicht weil du musst, sondern weil du gehen möchtest.

Schritt für Schritt dem Licht entgegen.

Verurteile nicht deinen Nächsten, nicht seine Taten, denn du hast alles, was du in deinem Nächsten siehst, in deinen vergangenen Leben gelebt.

Sei es die Täter- oder die Opferrolle.

Mache dich frei von allem, was war.

Jetzt, in diesem Moment, darfst du dir selbst vergeben.

Wenn du Schuld auf dich geladen hast, übergib sie mir, ich, Jeshua, entlasse dich aus deiner dir selbst auferlegten Gefangenschaft.

Die Ketten, mit denen du dich umgeben hast, sind nun gesprengt, für immer und ewig, du bist frei.

Frei von jeglicher Schuld.

Du bist würdig und warst es immer.

Du bist nach deines Vaters Ebenbild geschaffen, so wie ich.

Du und ich - wir sind Eins.

Du trägst alles in dir, erinnere dich und bitte, so wird dir gegeben.

Selig sind die, die von Herzen bitten.

Bitte und du wirst empfangen.

Amen

Die Liebe zu dir ist der Schlüssel

Du trägst diese Liebe in dir. Wenn du das erkennst, kann sie sich befreien. Sie klopft ständig an die Tür deines Herzens und bittet dich hinzuhören.

Du hast deine Herzenstür vor langer Zeit verschlossen. Nicht wissentlich hast du zu deinem Schutz ein Schloss davor gehängt und den Schlüssel an einem geheimen Ort versteckt. Das Versteck wiederzufinden, war nicht möglich, weil du nie wieder danach gesucht hast.

Jetzt ist der Zeitpunkt gekommen, deine dir innewohnende Liebe zu befreien. Der Schlüssel ist ganz nah, und wenn du anfängst, ihn zu suchen, wird er wieder dein sein. Er trägt eine Inschrift, auf der steht: „Du bist nun endlich frei, dich zu lieben."

Wie sollst du dich lieben, wenn du gar nicht weißt, wie das geht?

Das kleine Mädchen, das bereits früher erwähnt wurde, hat sich dieser Aufgabe gestellt. Am Anfang hat sie sich gefragt: Wie soll ich das machen, wie kann ich diese Aufgabe bewältigen? Der erste Schritt war, sich darauf einzulassen und die Herzenstür zu öffnen. Wie wird es sein, wenn die Liebe wieder fließen darf? Was wird sich verändern? Sie durfte lernen, wieder auf ihr Herz zu hören. Sie fing damit an, sich selbst schöne Dinge zu sagen. Es begann mit einer Spiegelübung, sie sagte sich: Ich liebe mich. Das war anfangs sehr befremdlich, aber sie machte weiter. Sie erkannte, nur wenn sie sich selbst liebt, kann sie ihren Nächsten lieben. Sich im anderen zu erkennen, damit fängt Liebe an. Liebe macht alles möglich. Wenn sich die Liebe immer mehr zu Hause fühlt, sich einrichtet im Herzen, kommt die Zeit loszulassen. Für sie bedeutete es, alles in Liebe anzunehmen, was sich zeigte. Sich selbst und anderen zu vergeben, nie gefühlte Gefühle zu erkennen und anzunehmen. Körperempfindungen in Liebe zu umarmen, zu erkennen, dass alles eine Berechtigung hat, da zu sein. Es brauchte viel Mut und Kraft, manchmal dachte sie, sie schaffe es nicht, aber in ihrer Not bat sie unseren Vater um Hilfe. Sie machte sich auf die Suche und wurde gefunden. Wenn sie die Herzenstür für die Liebe

öffnete, würde erst alles möglich, dachte sie. Aber sie konnte nicht wissen, dass wir ihr Herz nie verlassen hatten. Wir waren eingesperrt durch das, was sie als kleines Mädchen erlebt hatte.

Jetzt durfte ihre Liebe wachsen, von einem zarten Pflänzchen zu ihrer wahren Kraft. Liebe dich und alles ist möglich. Liebe bedeutet Heilung auf allen Ebenen deines Seins. Liebe dich für deine Wut und deine Traurigkeit. Sie möchten, dass du sie siehst. Du fragst dich warum? Wenn du deine Gefühle nicht siehst, werden sie sich anders Gehör verschaffen. Wenn du nicht hörst, was deine Seele spricht, wird dein Körper zu ihrem Sprachrohr werden. „Auf mich hört sie nicht...", sprach die Seele zum Körper, „du wirst krank werden müssen, um mir Gehör zu verschaffen." Nimm an, was sich zeigt, und du erfährst Heilung.

Jetzt hast du die Chance auf tiefe Veränderung. Sprich Dinge an, die dir auf der Seele liegen, lass dich nicht weiter verletzen. Wenn du zu dir stehst, wird deine Last geringer, sprich mit mir und übergebe mir deine Last. Ich trage sie für dich. Geh über die Brücke der Angst und lasse alles hinter dir, bei mir. Was passiert, wenn du ja sagst, aber nein meinst? Du sagst nein zu dir. Sage ja zu dir...lass dein Licht leuchten.

Alles, was sich ab jetzt in deinem Leben zeigt, möchte deine Aufmerksamkeit. Es zu erkennen, lässt dich wachsen.

Was fühlst du? Wie nimmst du dich wahr? Ich bin bei dir. Lasse uns ab jetzt gemeinsam gehen. Vertraue mir, alles, was dir gegeben wurde, ist da, um es endlich anzusehen, damit es dir nach Bewusstwerdung wieder abgenommen wird. Der Herr gibt, der Herr nimmt

Amen

Die Stille, dein heiliger Raum

Wann warst du das letzte Mal still, ganz bei dir, hast gelauscht, auf dich, auf das Leben? Hast das Gras wachsen hören? Wenn die Stille kommt, kommen die Gedanken und versuchen, diese zu vertreiben. Das ist wahr, aber wenn du beginnst zu meditieren, kommst du in Kontakt mit dem , was dich erreichen möchte. Ein Gefühl tiefen Friedens und Seligkeit erwarten dich. Stille kann so heilsam sein. Erwarte nichts und du wirst alles bekommen. Tauche ein und empfange.

Begib dich in deinen heiligen Raum , deinen Herzensraum, in den du nur gelangst, wenn du dir Zeit für deine Stille nimmst. Du hast das Gefühl, du brauchst nichts anderes , eine überfließende Glückseligkeit stellt sich im Moment der Erkenntnis ein.

Ich möchte dich erinnern an deine Stille. Komm mit auf deine Reise, es ist nicht schwer. Du schließt deine Augen und atmest tief ein und aus. Wenn Gedanken kommen, dürfen sie da sein, du lässt alles fließen in den großen Ozean des Seins. Du bleibst bei deinem Atem und erwartest nichts, und alles, was du wissen musst, wird zu dir kommen, und wenn nichts kommt, ist es auch gut, dein Geist erfährt tiefe Ruhe. In Ruhe und Frieden mit dir selbst sein, dich anfüllen lassen durch deine Stille, die du bist. Lasse geschehen, was geschehen will und darf.

Die Geschichte meiner Stille. Meine Erkenntnis war, dass ich nicht mehr brauche als die Stille. Und dies zu erfahren, war tatsächlich der schönste und tiefste Moment in meinem bisherigen Sein. Was dich erreichen möchte, kann dich nur dann erreichen, wenn du still wirst. Sei nicht enttäuscht, wenn es nicht gleich den Erfolg bringt, den du dir wünschst.

Hole den Engel der Stille in dein Leben und begrüße ihn. Durch seinen Einzug macht er den Weg frei.

Deine Blume des Lebens - die Herzblüte

Vollkommen in ihrer Anordnung, wundersam und göttlich. So wie du.

Jede Zelle, deine DNA, einzigartig.

Das bist du. Jeder trägt sie tief in sich, die Blüte der Entfaltung. Sie möchte aufblühen in all ihre Größe, Schönheit und Kraft. Sei dir dessen bewusst. Schau in dein Herzzentrum und sieh, welche Blüte sich zeigt.

Jede Blüte ist so wie die Blume des Lebens aufgebaut. Göttlichkeit in Vollendung, die heilige Geometrie spiegelt sich in jeglicher Form der Anordnung wider.

Die Orchidee spiegelt deine Weisheit und deine dir innewohnende Göttlichkeit wider.

Die Sonnenblumenblüte zeigt dein warmes Herz und dein Güte.

Die Blüte der Rose zeigt deine dir innewohnende Liebe.

Die Dahlie zeigt deine Vielfältigkeit und Veränderbarkeit.

Die Tulpe zeigt deine Zartheit und deine Verletzlichkeit.

Das Gänseblümchen zeigt deine Reinheit und deine Kindlichkeit.

Die Lilie zeigt deine Anmut und deine Klarheit.

Die Kornblume zeigt deine Wandelbarkeit und deine Würde.

Die Nelke zeigt deine Fraulichkeit und deine Mutterliebe.

Sieh jetzt in dein Herz und sehe die Blume, die dir innewohnt. Sollte sich eine andere Blüte zeigen, frage sie, was sie ausmacht, und sie wird dir gerne antworten.

Du besitzt eine innere Schönheit, die ihresgleichen in deinem Gegenüber findet. Lasse sie erblühen. Du großes, liebendes Herz, lasse geschehen.

$\mathcal{D}$ie Einheit

Eins sein, mit allem, was ist. Wir bilden eine Einheit. Du bist nicht getrennt, warst es nie und wirst es nie sein können. Die göttliche Quelle möchte durch dich wirken und sein.

Die reine, bedingungslose Liebe verlangt nichts, keinen Gegenwert. Sie geschieht ohne Gegenleistung, aus tiefstem, reinem Herzen.

Du entspringst der göttlichen Quelle, wie alle Meister vor dir. Was hat sie zum Meister gemacht? Dass sie keine waren. Die Liebe hat aus ihnen gesprochen und sie haben geschehen lassen. Lasse auch du geschehen, nur zusehen und die Welt sich weiter drehen lassen, mit all den selbsterschaffenen Dramen. Indem es kein Festhalten und kein Loslassen mehr gibt, beginnt die Einheit.

Atmen , geschehen lassen, in Liebe annehmen, weiter atmen, geschehen lassen.

So einfach und doch so schwer. So oft versucht, denkst du jetzt, und gescheitert. Darauf gibt es nur eine Antwort: Das Vertrauen hat gefehlt. Das Vertrauen in deine eigene Göttlichkeit. Du musst es nicht verstehen, aber es ist die Wahrheit. Bist du bereit, deine Göttlichkeit zu leben? Es gibt nichts mehr festzuhalten und du brauchst nichts mehr loszulassen. Alles, was du brauchst, ist in dir.

Ein Pflänzchen wächst, es tut nichts anderes. Sicher erhält es Licht und Wasser, aber nicht, weil es sich das selbst besorgen muss, sondern weil für es gesorgt ist, und so ist auch für dich gesorgt. Lasse fließen, was fließen möchte, sich danach sehnt, sich hinzugeben.

Gib dich dem Fluss des Lebens einfach hin. Hingabe erfordert...man würde viele Dinge einsetzen können. Du hast dies alles in dir, lass es frei. Dies ist als Wendepunkt in deinem Leben gedacht. Was hast du zu verlieren? Wo hat dich dein bisheriges Leben hingeführt? Bist du bereit zu springen, ins Unbekannte, ins Bekannte? Mit mir, mit dir, zu dir, zu uns? Zu deiner Familie, zu den Seelen, die mit dir agieren möchten?

Wenn du klar mit JA antworten kannst, wisse, du bist nicht allein. Eine neue Zeit, deine Zeit bricht an...mit mir an deiner Seite. Sprich ab heute mit mir, erzähl mir alles, was du auf dem Herzen hast. Deine Ängste und deine Freuden sind ab sofort geteilt. Du vertraust deiner göttlichen Führung und zusammen ist jetzt alles möglich. Diese Einheit ist nicht mehr zu trennen und erreicht Seele um Seele.

So sei es.

*I*ch bin`s, die Liebe

So lange hast du mich nicht gesehen, einfach vergessen. Da war der Alltag, Erinnerungen an mich einfach nicht vorhanden. Du hast fast dein ganzes Leben ohne mich verbracht, aber ich war immer da. Eine kleine Erinnerung an mich und ich wäre erweckt worden aus meinem Tiefschlaf. Ich dachte schon, ich sterbe und darf nie wieder aufwachen. Du musstest erst einen tiefen Schmerz erfahren, damit ich aufgewacht bin. Nun bin ich wach, endlich! Du bist dir meiner bewusst und erkennst, heilen wirst du nur durch mich. Aber wie soll das möglich sein?

Du darfst dich selbst lieben lernen. Erinnere dich, als Kind warst du erfüllt von mir. Ich sprach durch dich und war einfach mit dir. Du warst erfüllt von mir und alle Dinge um dich herum. Aber was ist geschehen, dass ich verlorenging?

Es gab Menschen in deiner Kindheit, die diese Liebe erstickten. Nicht wissentlich, aber es geschah. Sie waren sich dessen nicht bewusst, aber durch Worte und Taten, die sie selbst als Kinder erfuhren, nahmen sie dir das Kostbarste, was du in dir trugst, die Liebe zu dir selbst. Sie legte sich schlafen, in der Hoffnung, wieder erweckt zu werden. Oh, ich freu mich so, endlich wieder wach zu sein! Erwecke mich weiter, beginne mit dem einfachen Satz:

„ICH LIEBE MICH UND ERKENNE MICH AN, WIE ICH BIN", so öffnest du leise die Tür zu deinem Herzen.

Sprich diesen Satz täglich, immer und immer wieder, du wirst beginnen, mich wieder zu spüren, und das ist dein erster Schritt, um heil und gesund zu werden.

Breite deine Schwingen aus und fliege in eine dir unbekannte und gleichsam bekannte Welt. Deine Bereitschaft zur Öffnung lässt dich sein, wer du immer schon warst. Ich umarme dich und drücke dich sanft an mein Herz. Hörst du, wie es schlägt? Ich umhülle dich sanft mit dem Mantel der Liebe und hülle dich ein.

Wer sich auf die Suche begibt, wird finden oder wird gefunden!

Du hältst dieses Buch in deinen Händen, das ist dein Anfang.

Verlassen habe ich dich nie, mein Bruder, meine Schwester, auch wenn du dir dessen nie bewusst warst.

Gott, der Herr, mein Vater, ist allmächtig. Durch ihn bin ich. Durch ihn wirke ich.

Ich bin sein Kind. Du bist sein Kind. Wir sind alle Gottes Kinder.

Meine Worte an dich mögen dir Kraft geben. Dich erkennen lassen, dass du ein göttliches Wesen bist, warst und immer sein wirst.

Lass mich dich trösten.

Lass mich dein Halt und dein Wegweiser sein.

Erkenne und blicke in dein Herz.

Lass mich bei dir sein, wenn du allein und traurig bist.

Lass mich dich an Vergebung, Gnade und Dankbarkeit erinnern.

Lass mich dich halten in deiner allergrößten Not.

Lass mich dich lieben und alles wird gut.

Ich bin das Licht und die Liebe in Ewigkeit. So sei es!

Dein dich liebender Jeshua

Über mich

Ich heiße Ilona Zerbian und bin 54 Jahre alt, bin Ehefrau, Mutter und Großmutter. Fast mein halbes Leben verbrachte ich damit, Menschen zur Seite zu stehen. Als ich den Beruf der Altenpflegerin erlernte, ging für mich ein Lebenstraum in Erfüllung. Meine Arbeit erfüllte mich und niemals hätte ich mir vorstellen können, etwas anderes zu machen. Aber es gibt Momente im Leben, die alles in Frage stellen. So war es bei mir. Unterschiedliche Körpersymptome forderten mich auf, mich mit meiner Arbeits-und Lebenssituation auseinanderzusetzen. Ich durfte erkennen, dass meine Zeit gekommen war, neue Wege zu gehen. Ich ging los und habe es nicht bereut. Jeder Tag ist ein Geschenk für mich, ich nenne es Glück. Ich habe eine kleine Praxis, in meinem Ruhe-und Kraftquell arbeite, lebe, lache ich mit meinen Kunden. Online biete ich meine Begleitung an, wenn Menschen erkennen möchten, warum ihre Lebensumstände so sind, wie sie sind. Warum ihre Körper bestimmte Symptome zeigen, warum sie Schmerzen haben, wiederkehrende Lebensmuster sich immer wieder ereignen.

Ich lerne das Leben wieder zu lieben, lerne so gern immer noch dazu und bin so glücklich wie nie zuvor. Durch meine bedingungslose Öffnung und meine Suche wurde mir mein Leben neu geschenkt. Zu erkennen, dass alles einer göttlichen Ordnung folgt und dass die Seele heilen darf, ist mein größtes Geschenk. Dabei begleitet, geführt und geliebt zu sein – für mich ein Wunder.